www.tredition.de

AF197551

Susanne Brück wurde am 27.09.1967 in Halle/Saale geboren. Sie hat 10 Jahre in einem Orchester Geige gespielt und schon als Kind Geschichten geschrieben. Mit 18 Jahren wurde sie als politisch Andersdenkende 9 Monate inhaftiert. Von der BRD wurde sie aus dem Gefängnis freigekauft. Seither lebt sie in München. Sie absolvierte eine Ausbildung als MTLA. Seit 1992 ist Susanne in der LMU München im Labor tätig. Sie ist geschieden und Mutter einer Tochter. 2018 ist sie schwer erkrankt. 2019 erfuhr sie von Metastasen mit einer Prognose von einem Jahr...

Susanne Brück

Am Anfang war's der Bauch...

© 2021 Susanne Brück
Umschlag: Caroline Brück
Illustration: Lisa Schweiger
Lektor: Frank Barowski

Verlag und Druck:
tredition GmbH, Halenreie 40-44, 22359 Hamburg

ISBN
Paperback: 978-3-347-35155-4
Hardcover: 978-3-347-35156-1

Am Anfang war's der Bauch…
…am Ende auch

Susanne Brück

Dieses Buch widme ich einem ganz beson-
deren Menschen, der sich gar nicht be-
wusst ist, wie viel er für meine Genesung
getan hat.

Prof. Dr. Daniel Teupser

Vorwort

Was bewegt einen dazu zu schreiben?

Ich versuchte schon als Kind alle möglichen Gedanken zu vermitteln, ob sie glücklich oder traurig waren, Papier war schon immer geduldig. Die Gedanken heraus zulassen bedeutet alte Energie herauszulassen, um Platz für neue Energie zu schaffen. Es passieren oft Dinge im Leben, die nicht vorhersehbar sind. Wie geht man damit um? Ich weiß es nicht. Ich weiß nur, dass mir das Schreiben beim Verarbeiten sehr gutgetan hat und ich Dinge, die einen vernebeln, klarer sehen konnte.

Wer den Regenbogen sehen will, muss auch den Regen ertragen.

Dieses Buch soll nicht zum Weinen gedacht sein, vielmehr dazu, den Regenbogen zu erreichen.

27. September 2017, ich glaube, jeder hat Angst vor einem solchen Tag. Ich nicht, ich hatte mich so auf diesen Tag gefreut, mein 50. Geburtstag.

Man sagt, es ist eine magische Zahl, die Dein Leben verändert. Im tiefsten Manhattan wurde ich mit Rosen und Champagner geweckt, meine Eltern im Live Chat zugeschaltet. Die Sonne schaffte es schon am Morgen auf 25°C, also auf nach Brooklyn an die Beach. Wir waren fast allein, meine Tochter, mein Freund und ich. Es war alles friedlich und wie ich es wollte. Der Ozean ruhig und blau.

Einen Monat später wurde der Ozean grauer und unruhiger. Routineuntersuchung beim Arzt. Ich bin direkt nach dem Nachtdienst, mit unzähligen Red Bulls in mir, hin. Hoher Blutdruck und Besorgnis im Gesicht der Ärztin. Da ich nun einmal da bin, fragte man mich, ob ich nicht freiwillig diesen oder jenen Check machen will, die man mit 50 so macht.

Aber klar doch, mir ging es gut. Warum also nicht? Ging es mir wirklich gut oder redete ich mir das alles ein?

Eine erste Nebelwand über dem Ozean.

Ich hatte einen sehr unglücklichen Lebensrhythmus. Viel zu viel Arbeit, nur Zeit für andere, ich funktionierte nur noch. Die wenige Zeit, die ich hatte, verbrachte ich trinkend und rauchend vor dem Fernseher oder mit negativen Menschen.

Mit negativ meine ich jammernd und unzufrieden, wie ich selbst.

Aber gut, eine Stuhlprobe, warum nicht? Vor allem nach einem gehaltvollen Rotweinabend. Es war inzwischen Mitte November, wieder kurz vor dem Nachtdienst. Mein Telefon klingelte. Ich hörte schon am Klingeln, dass es nichts Gutes ist. Kennt Ihr das? Meine Ärztin: „Ihre Stuhlprobe ist positiv. Sie sollten der Sache umgehend nachgehen."

Man fühlt auf einmal einen Stillstand, es wird schwarz um einen herum, alle Anzeichen auf Unheil, Angst oder Hoffnung, dass alles ein Irrtum ist. Den nächsten Schritt muss ich tun, aber das Telefon ist viel zu schwer zum Anheben.

Der Ozean ist schwarz und schaumig. Blitz und Donner, Angst vorm Ertrinken.

09. Januar 2018, erste Begegnung mit dem Angstmonster. Es war kein gutes Gefühl, durch die Untersuchung bestätigt. Der Arzt sprach es nicht aus, brauchte er auch nicht. Ich bin ihm heute noch dankbar dafür. Die Worte hallen immer noch nach: „Sie müssen sofort operiert werden. In welche Klinik möchten Sie? Brauchen Sie Hilfe?"

Er redete, aber ich war mir nicht sicher, ob er mich meinte und sah mir jedes Mal über die Schulter zur Tür.

Da draußen war mein altes Leben, was es von jetzt an nicht mehr gab. Alles drehte sich, lief ab wie ein falscher Film. Leere, Vakuum, Fassungslosigkeit, Wut und ein riesengroßes Angstmonster erfüllte den Raum.

Ich wollte schreien, er soll den Mund halten, mich einfach gehen lassen. Da draußen sitzt meine Tochter, noch keine 19 Jahre.

Das Angstmonster lachte höhnisch.

Wie zum Teufel soll ich das meiner Tochter sagen? Nichts wird, wie es war. Das Tempo bestimmt nun jemand anderes. Man liefert sich Dingen aus, von denen man immer nur gehört hat.

Ich brauchte es meiner Tochter nicht sagen. Sie sah es sofort und das Angstmonster erfüllte auch sie, lähmte uns beide. Wir konnten noch nicht einmal weinen, liefen wie ferngesteuert auf die Straße.

Das Einschlafen ist dann am schlimmsten. 4:00 Uhr morgens aufgewacht, Alpträume?

Zwei Tage später Radiologie. Wenigstens war Weihnachten vorbei und der Bildschirm bleibt vorerst schwarz. Schwarz wie der Ozean, wie das Angstmonster.

Am nächsten Tag der histologische Befund. Der letzte Tropfen Hoffnung in der Dunkelheit verschwunden.

Was nun? Meine Schreie hörten nur die Wände. Es war reine Zeit- und Energieverschwendung. Dadurch ging der „Mistkrepel" nicht weg.

Das erste Zeichen: NAMENSGEBUNG. Du willst mich umbringen Du Mistkrepel? Dann schauen wir mal, wer stärker ist!!! Ja, das war schon besser. Das lachende Monster, aber ich war noch auf sicherem Terrain. Noch nicht ganz unten angekommen und keine Ahnung, wie tief das Tal sein wird. Aber eines wusste ich zum ersten Mal, es gibt eine Möglichkeit ein Stück Himmel zu sehen in meiner Verzweiflung.

KAMPFANSAGE – ab sofort keine Zigarette, auch, wenn ich noch so nervös war. Es war wie ein Schalter, der umgelegt wurde in meinem Körper. Ob es noch etwas ändert, wer wusste das schon? Aber man kommt sich wenigstens tätig vor.

Stell dir vor, du bist der einzige Überlebende eines Flugzeugabsturzes mitten im Dschungel. Um Hilfe zu holen, musst du weit laufen. Dann räumst du die erste Schicht Steine, Stöcke, Äste aus dem Weg. In dem Fall war es die Zigarette. Ich musste etwas tun, ohne Hilfe. Jetzt nahm ich selbst das Ruder in die Hand auf dem dunklen Ozean.

SCHMERZMONSTER - Katakomben

Wissen Sie was? Ich dachte immerzu, ich bin im falschen Film. Man hat meinen Namen verwechselt. Wissen Sie auch warum? Ich spürte den Mistkrepel gar nicht. Man sagte mir nur, dass er da ist.

Das ich schwanger war wusste ich vom ersten Tag an. Aber das Mistkrepel in mir ist, das behaupten nur andere, und denen war ich von Anfang an ausgeliefert. Ich musste mich an deren Plan orientieren, vertrauen, wenn ich überhaupt eine Chance haben will.

Die Namensgebung von dem unsichtbaren Monster allein reichte nicht. Wer gab mir die Kraft oder den winzig kleinen Himmel frei, den ich nun noch hatte? Allein durch Katakomben, endlose Gänge zu den bestialischen Giftspritzen, Schmerzen und unzähligen OPs.

Wer hatte ungefähr genauso Angst? Meine Tochter sah ich ebenfalls verängstigt vor mir, das war mein Himmel.

Es gibt bei jedem Menschen eine Antriebswelle, die plötzlich auch deine lahmgelegten Geister erst einmal wieder zum Leben erweckt. Wenn dieser Motor in einem startet, springt der Rest auch an. Von nun an gab es nicht nur Mistkrepel, er sollte einen akzeptablen Vornamen bekommen. „Gustav", so taufte ihn Caro. Also, Gustav Mistkrepel, wie ist Dein Plan? Du verrätst ihn mir nicht? Ich auch nicht, weil ich es einfach nicht weiß, wie der Kampf aussieht und ausgehen wird. Ich weiß nur, dass ich eine Kampfarmee aufgestellt habe aus meinem Bauchgefühl heraus, und ich weiß, sie sind für uns beide harte Geschütze und das stärkste davon bin ich selbst. Die Löwin, die

Zähne zeigt, hauptsächlich, wenn man ihr Junges angreift. Und in dem Fall betraf es auch mein Junges, welches noch nicht allein zurückgelassen werden sollte, welcher ich am ersten Tag ihres Lebens geschworen hatte: „Sie sollte ein schönes Leben haben". Dazu gehörte bestimmt nicht, dass sie ihre Mutter so zeitig verliert.

WICHTIG! Krebs ist eine der sensibelsten Krankheiten auf unserem Planeten. Daher ist es ganz wichtig die Kampfarmee aufzustellen.

Frau H. war die erste entscheidende Person. Ihre Hartnäckigkeit machte mich neugierig. Sie gab mir ihre Hand und ich vertraute ihr aus dem Bauch heraus. Es ist so wichtig dieses Bauchgefühl.

Sollte ein Funken Misstrauen sein, dann suche weiter. Es kann sonst verheerende Brände entzünden, welche man nicht mehr löschen kann und man hat die Zeit gegen sich. Eine richtige Entscheidung war auch die Klinik. Dort hatte ich 30 Jahre zuvor meinen Blinddarm verloren.

Jedenfalls begleitet mich Frau H. tapfer durch alle Täler und soll noch oft die Dunkelheit aufhellen.

Dem Onkologen vertraute ich, aber nur seiner Erfahrung nach. Das kann passieren, aber man kann und muss es ändern. Er kann nichts dafür, so etwas gibt es. Allerdings blieb mir in dieser Phase nichts anderes übrig, als nicht gleich zu gehen, denn es gab einen ersten wichtigen Schutzengel, welchem ich sofort wieder mein Leben in die Hand geben würde.

Dr. K., ein Gott, ein Genie, ein toller Mensch, welcher zeitweise in die Rolle des Onkologen schlüpfte. Und das gab mir Hoffnung, Zuversicht. Meine erste Begegnung mit ihm war purer Hass. Er konnte ja nichts dafür. Er zeigte mir nur, wie das Schlachtfeld aussah und es war sehr, sehr schmerzhaft, kaum auszuhalten. Es gab also noch mehr Monster, die ich nicht kannte. Es gab sie, die Schmerzmonster. Ich schrie wie am Spieß, hoffte, ohnmächtig zu werden und bat um Gnade. Aber genau das war die Strategie von Dr. K., einem der wichtigsten Menschen.

Die nächsten 12 Wochen waren grausam, aber es stärkte auch den Kampfgeist. Es ist unglaublich welche Kräfte in einem frei werden, wenn man das Gefühl hat, allein zu sein gegen einen Feind, wo man nur weiß, dass es ihn gibt, ihn aber nicht kennt.

Chemie und Radioaktivität sollten die erste Etappe sein. Sich auf keinen Fall gehen lassen. Kampfbereit, stark und sichtbar wollte ich plötzlich sein. Woher diese Wende? Die bis dahin bekannten Strukturen verschoben sich. Alles wurde unwichtig. Was vorher lebenswichtig und unausweichlich war wurde an den Rand gedrängt. Die Gedanken wurden klarer Richtung Kampf gelenkt.

Die ehemaligen Drogen wie Alkohol und Nikotin, welche einst dem Überleben dienten, wurden ausgetauscht gegen sehr viel härtere Drogen, welche aber die Sichtweise änderten und mutiger machten.

War ich vorher ein Feigling?

Es tauchten Menschen auf, die mir Mut machten, teilweise nur am Rand liefen. Und es verschwanden Menschen, welche einst mein Leben bestimmten.

Nein, ich bin bestimmt kein Feigling!

Diesen Kampf kann man nicht beschreiben, wenn man ihn nicht geführt hat. Mit all den Schmerzen, Hochs und Tiefs, Hoffnungen und Enttäuschungen.

Das heißt nicht nur, dass es ab jetzt schwieriger wird. Es ist auch anders. Ich bekam regelrecht Fanpost und schämte mich, nicht gleich jede beantworten zu können. Da draußen, außerhalb des Schlachtfeldes gab es eine Menge, die an mich glaubte und mich anfeuerte. Es gab plötzlich Sonnenstrahlen, welche mir signalisierten, Licht ins Dunkel zu bringen.

Natur... jeder Vogel wollte mir plötzlich etwas erzählen. Berge luden ein sie zu besteigen und die Aussicht zu genießen.

Zwei Tage vor der OP bestieg ich einen kleinen Berg. Und das nach der ersten Kampfetappe. Sehr gut.

„Ich gehe diesen Weg, um Positives zu erreichen!!!"

Ein sehr weiser Satz von einem sehr weisen Mann. Einem Schamanen aus Bolivien, den ich 2010 kennenlernte, als meine Seele in einem Tief steckte. Ich besuchte damals einige Seminare und lernte auf faszinierende Art und Weise meine spirituelle Ader zu aktivieren. In bestimmten Lebenssituationen lernte ich klarer denken zu können, Ängste zu überwinden und Schmerzen zu kontrollieren bzw. verschwinden zu lassen.

Ich suchte Guido unterstützender Weise auf, das machte mir Mut. Irgendwie fühlte ich mich sicher bei ihm. Er gab mir Guabana Blätter. 7 Stück sollte ich jeden Tag trinken. Und er sagte mir auch, an welchem Tag meine Operation optimal verlaufen sollte. Mit dieser Stärkung, dem weisen Satz und einem Sack voller Blätter, welche mein Chirurg mit einem Lächeln genehmigte, checkte ich im 3. Orden ein und begann eine große Reise ins Unbekannte.

Es gibt so viel Schönes. Ich muss ihn nur annehmen, den Kampf.

Das war ab sofort mein Motto.

Der unvermeidliche Tag kam unwiderruflich. Was mich tapfer sein ließ, war der Chirurg selbst, welchen ich am Abend vorher noch bitten musste zu gehen, da ich ihn topp fit am nächsten Morgen als Erste zurückerwartete.

Mein erstes Blinzeln danach war schon in der Dunkelheit und er stand schon wieder an meinem Bett mit einem Lächeln im Gesicht und Daumen hoch. Mehr wollte ich vorerst auch nicht wahrnehmen. Ich war k.o. als hätten mich alle Panzer der Welt überfahren. Keine Schmerzen, nur k.o. und ein hässlicher Beutel.

Am Tag darauf sollte ich mich aufsetzen, die Zugspitze war ein Hügel dagegen.

Noch einen Tag später und mein Held war zurück. Sein Gesicht sprach Bände. Schon beim Eintreten nicht nur gute Nachrichten. Es gab eine gute und eine schlechte und er kam sich vor wie Hiob persönlich. 23 Lymphknoten entfernt, davon drei befallen von Gustav Mistkrepel.

Stille!

Das Wetter zog sich schon wieder zu über dem Ozean. Sein Vorschlag: Chemiewaffen in 60 Tagen, schwere Geschütze. Können Sie sich das vorstellen? Im Dunkeln mitten auf dem Ozean. Man paddelt auf der Stelle. Die Arme werden schwerer.

Was sollte die gute Nachricht sein? Er meinte, nur drei Lymphknoten von 23, was auch immer das bedeutet.

UND

„Sie brauchen das Krankenhaus nicht mit Beutel zu verlassen. Ihr Zustand ist so stabil, dass wir in sieben Tagen schon eine Rückverlegung machen können. Noch ein paar Untersuchungen und dann können wir das Schlachtfeld wieder betreten."

Dass er das Genie war, wie ich bereits sagte, bestätigte sich. Ich lernte noch viele Menschen kennen, aber nach zehn Tagen eine Rückverlegung? Davon hatte vorher nie jemand gehört. Aber danach geht die Reise ohne ihn weiter, nur wie?

Der Chemiewaffenmajor war zwar schlau und wusste aus Erfahrung, wie man Gustav Mistkrepel in die Enge treibt, aber mit ihm wollte ich nicht auf das Schlachtfeld. Alle Alarmglocken schrillten, die Zeit war gegen mich. Ich musste weiter, mit stärkeren Waffen.

Frau H. schickte mich in den Garten, zum Spazieren. Sie handelte sich Ärger ein, da sie dadurch den ganzen OP-Plan nach hinten verschob.

Danke an dieser Stelle.

Der neue Port war nötig, aber ich musste es wollen, aus eigener Kraft, wie die Erstbesteigung eines Berges.

Es war einmal eine Zeit, in der ich sehr mutig und stark war. Lange ist es her. Ich war in der Savanne unterwegs, in Südamerika und wollte einen 3000 m hohen Tafelberg besteigen, mitten am Äquator. Bei der letzten Etappe der Besteigung kam Resignation. Diese war aber unangebracht, sie hätte mir damals fast das Leben gekostet.

Bis zum Gipfel waren es noch knapp 500 Höhenmeter, alles gut. Aber unser Guide hatte am letzten Treffpunkt eine gute und eine schlechte Nachricht.

Die Gute: Nur noch 500 Höhenmeter.

Die Schlechte: Da ist ein Wasserfall, da wollte ich eigentlich durch mit Euch. Die Regenzeit war zu heftig und es ist unmöglich, wir müssen drum herum. Das heißt, um auf die andere Seite zu kommen, müssen wir erst einmal wieder 500 m runter laufen.

Verzweifeln, Tränen der Erschöpfung und gar keine Zeit, die Dunkelheit im Nacken. Es gab nur diese Option. Warum erzähle ich das. Ich ging diesen Weg, und wissen Sie was? Als ich oben ankam in letzter Sekunde, wurde ich mit dem schönsten Sonnenuntergang der Welt belohnt. Alle Indianer, die uns begleiteten, applaudierten mir. Ich weinte vor Stolz. Ich war so stolz und das war eines der schönsten Gefühle, die ich je hatte. Mit diesem Applaus in der Erinnerung kehrte ich in den Garten zurück und entschied mich für den Port und somit für den Chemiekampf.

Die erste Ladung haute mir die Füße weg. Ich hoffte inbrünstig, Gustav auch. Elf sollten noch folgen. Das war niemals zu schaffen. Zumindest nicht mit dem Major.

Ich wartete bei Halbzeit zur nächsten Ladung. Saß wieder auf der Bank im Garten und mein Blick ging zu den Katakomben der Bestrahlung. Da war was.

WAS?

Ich musste schnell handeln, ging dorthin in die Praxis zur Onkologie, hatte meine Befunde dabei und legte sie zitternd auf den Tresen. Ein freundliches Lächeln vermittelte mir, dass ich dort richtig war und man mir schnell helfen würde. Ein sehr wichtiger Kampfabschnitt, handle aus Deinem Bauch heraus, sonst ist es aussichtslos. Ich musste den Major wechseln, den Strategieplan mit jemandem besprechen, wie mit meinem Chirurgen, dem ich blind vertraute und es immer wieder so tun würde.

Fünf Tage später sollte ich meinen neuen Major kennen lernen. Als ich ihn zum ersten Mal sah, wusste ich sofort, wenn es überhaupt eine Chance gibt, dann mit ihm. Es war Liebe auf den ersten Blick.

Dr. A. trat von nun an in mein Leben. Danke an dieser Stelle für all sein Wissen, seine Geduld, seine Motivation, seine Ehrlichkeit, Offenheit.

Einfach Danke.

Unsere Schlacht ging erst einmal sanfter los. Chemo in Tablettenform. Noch nie gehört, aber auch gut.

Denkste!!!

Schmerzen, Durchfälle, Schwitzen waren von nun an meine Begleiter. Bis zum bitteren Ende, auch zwölf Zyklen. Meine Werte waren nicht bedrohlich, Gustav Mistkrepel nicht sichtbar, mit so einem Major an meiner Seite auszuhalten und absehbar. Es ging tatsächlich vorbei. Sichtbarer Frieden zur Erholung für drei Wochen Kur. Kein Grund zur Sorge auch dort. Alles harmonisch. Viele neue Gesichter, teilweise schlimmer dran. Was jammerte ich denn all die letzten Monate.

Marianne, mit ähnlichen Monstern in sich, nur mit einem Jahr Vorsprung, ermutigte mich ständig, dass auch meine Schmerzen irgendwann vergehen. Alles was ich brauche ist Geduld. Immerhin sei ich auch besser dran als sie es je war. Nach 10 Tagen Rückverlegung hatte auch sie noch nie gehört. Sie musste drei Monate mit dem Sack befreundet sein. Ich lernte zu Essen, langsam NEIN zu sagen, meinen Körper neu kennen, zu entspannen, zu schreiben und ich lernte langsam wieder zu lächeln. Viele sahen mich damals schon als starke Frau, ich wusste nicht warum. Ich tanzte, wanderte und wusste, es wird alles wieder gut.

Und so wurde Weihnachten nach der Erkrankung neu erfunden.

Alle zusammen, Papas leuchtende Augen, Hoffnung.

Völlig Energie geladen ging ich auch ins neue Jahr, freute mich schon auf die Arbeit, auf ein Stück altes Leben.

Bald sollte der Punkt kommen. Was wollte mir Gustav Mistkrepel bis hierhin sagen? Ich glaube, ich hatte es immer noch nicht verstanden. Altes Leben, ja, komme nur, lockte mich Gustav Ende

März. Zeitdruck in der Früh auf dem Weg zur Arbeit. Bums, ich sah mich so richtig in Zeitlupe auf die Erde aufschlagen. Autsch, das tat weh. Ich ging trotzdem zur Arbeit. Kleine Schmerzpille, wird schon gehen. Ich sollte dennoch in der Notaufnahme einen Blick drauf werfen lassen. Rätselnde Gesichter der verschiedensten Ärzte bis zum Abend. Ab nach Großhadern. Das Bein war gebrochen, einfach schon fast lächerlich.

Nach dieser Feststellung wieder Blut aus der letzten OP-Wunde. Am Geburtstag von Caro erneut in Richtung dritter Orden Notaufnahme.

Alles o.k. Von Gustav Mistkrepel keine Spur. Nur falsche Medikamente im Klinikum. Alles wird gut.

Das gebrochene Bein zwang mich zur Ruhe. Warum??? Eigentlich begann der Frühling. Was wollte mir das Bein sagen? Ich sollte es bald erfahren. Meine Langeweile zwang mich vorzeitig zum CT.

28. März 2019, der Tag, der den Ozean zum Tsunami werden ließ. CT mit Krücken, mitleidige Blicke, aber ich hatte keine Angst. Der freundliche Doktor entpuppte sich zum Alptraum für mich und Dr. A. Er bat mich höflich in sein Zimmer. Ich sollte aber langsam machen, denn er hätte eh schlechte Nachrichten.

Mitten auf dem Gang.

Erst dachte ich, er redet mit jemand anderem, da immer noch auf dem Gang, aber er meinte tatsächlich mich.

Gustav war weg, nur hatte er noch einen Bruder, welcher es sich in meinen Lungen bequem machte. Will der mich komplett verarschen???

Dieses Mal kann er nicht mich meinen.

NIEMALS!!!

Mein Blut, mein Ultraschall, meine Gesamtverfassung.

Dr. A. lachte sogar am Telefon und sagte erst einmal, das kann nicht sein.

Gut so!

Das Telefon sollte wieder klingeln. Es wäre vielleicht doch besser, das unter die Lupe zu nehmen, um sicher zu sein, dass es eventuell nur ein Pilz ist. Ich sollte nur kurz zurück zum dritten Orden und dann hätten wir Gewissheit.

Von was???

Dies kam mir alles so verdammt bekannt vor. Schwarzer Ozean, diesmal kein Land in Sicht.

Ich hatte das Gefühl, bereits ertrunken zu sein. Nach Luft zu schnappen, fiel mir immer schwerer. Jeder sagte plötzlich, das tut uns so unendlich leid. Selbst der erste Chemiemajor trat mit sehr besorgter Miene an mein Bett. Der Chef persönlich wollte meinen Lungenflügel streicheln. Man wird in einen Sog gezogen. Die schwarze Wolke zieht einen runter, aber was kommt danach?

Das Angstmonster lächelte schon als ich uns eincheckte im 3. Orden. Ich fühlte, dass Gustavs Bruder eingezogen war bei mir, noch ehe ich operiert wurde.

Bestätigung, denn ich wachte auf Intensiv auf. Rätselhafte, nur allzu bekannte Gesichtsausdrücke um Maschinen herum geschart und mittendrin ICH. Aber mehr als das Objekt was die Maschinen bewegte. Das Angstmonster so groß wie nie, lachte höhnisch und nahm den gesamten Maschinenraum ein. Zwei Tage später, in einem normalisierten Raum, aber immer noch mit Schläuchen und Pumpen, ein zaghaftes Lächeln von Frau H. Sie nahm meine Hand und brachte mich in einer etwas angenehmeren Atmosphäre zum Reden. Nicht lange durchströmte mich dieses beruhigende Gefühl, bevor mich die Schwärze des Angstmonsters komplett umhüllte. Aber sie saß wenigstens bei mir und hielt meine Hand so fest, wie es nur ging. Der Chirurg kam, nicht der Nette, warum auch, und teilte mir mit, dass Gustav einen Bruder hatte, welcher eine Großfamilie zu gründen schien und gleich zwei Lungenflügel beanspruchte. Neun Herde, allerdings im Stadium L0 (was für ein Trost) Schwärze .... Aus .... Ohnmacht .... WARUM???

Der Chemiemajor erzählt mir seinen Plan, den ich selbstverständlich mit meinem neuen Major antreten darf, welcher schon informiert war.

Die Schwärze war unerträglich, lähmte meine Stimme, lähmte meinen Tränenfluss, lähmte MICH.

So fand mich Felix vor, als er mich besuchte. Ich sagte es ihm. Diesmal hatte ich noch nicht mal Mut, meiner Tochter mitzuteilen, dass meine Zeit immer knapper wurde. Ich bat ihn, vorerst zu schweigen. Was fast an Bestrafung grenzte, da ich verlangte zu lügen. Und so wird man eigentlich nicht erzogen. Aber wie findet man die Worte, wenn man es selbst nicht versteht und nach einer Erklärung sucht?

Willi verbrachte die nächsten Tage mehr oder weniger mit mir, aber auch eher schweigend. Denn es gibt keine Worte und erst einmal auch keinen Ausweg bzw. Strategie, um den alten Kampfgeist zurückzuholen.

Meine Mutter suchte auch verzweifelt nach Hilfestellung. Meinem Papa ging es zusehends schlechter. Alles richtete sich erst einmal gegen die Situation. Nicht das kleinste Licht. Das Angstmonster hockte breit und schwarz über mir.

Ich musste als erstes mit Caro sprechen. Es war unerträglich ihr in die Augen zu schauen.

Sie war wütend, hilflos und verzweifelt auf alles was ihr in den Weg kam. Selbst Felix musste vorerst gehen. Auf ihn war sie am meisten wütend. Von der Arbeit freigestellt, begleitete sie mich tapfer zu meinem Major. Es zerriss mir das Herz.

Auch er fand nur schwer Worte und machte mir mit starrer Miene klar, wie sehr meine Zeit begrenzt war. Kampflos würde ich Silvester nicht erleben. Es war April.

Mit seinen Chemiewaffen stehen die Chancen etwas günstiger, aber nicht viel besser, ein bis zwei Jahre.

Verzweifeltes Luftschnappen von Caro, ob sie mir eine Lunge spenden könne. Eine ebenso verzweifelte Absage von ihrem Gegenüber. Als wir nach Hause kamen stand zwar meine Mama in der Tür, aber letztendlich genauso hilfebedürftig wie wir alle. Alle Anfragen und Hilfsangebote von der Außenwelt prallten an mir ab. Niemand hatte mehr Zugang, noch nicht einmal ich selbst. Außer die ernsten Worte, wenn Sie die Therapie nicht machen, schaffen sie das Jahr nicht.

Zwölf Chemos im Scharfschuss. Wer bitte soll das überleben?

Frau H. bestellte uns zu einer außergewöhnlichen Krisensitzung ein. Aber außer, dass wir alle drei vor ihr unseren Tränen freien Lauf ließen, kam noch immer keine Erleuchtung. Ich müsste den Kampf anmelden, und da verlor ich vollkommen die Fassung.

Ein sehr gut aussehender junger Mann, noch keine 30, fragte mich ganz ruhig und freundlich, ob er mir helfen könne. Will der mich verarschen? Seine Freundlichkeit ließ nicht nach, das weckte meine Neugier.

Ich melde gerade zwölf Chemiegeschütze der stärksten Art an, wie zum Teufel willst Du mir helfen? Er hatte exakt 26 Chemiegeschütze hinter sich. Das erste Aufhorchen. Wie geht so etwas? Er sieht so gut aus? Hat alle Haare? Es geht meint er, nur nicht aufgeben. Leben, Laufen, auch, wenn es noch so schwer ist, Unterstützung und Hilfe annehmen, Krebshilfe, Freunde, Familie, jeden Strohhalm.

Ostern stand vor der Tür. Ich trommelte den Familienrat zusammen, wollte noch einmal nach

Kärnten, auf die Berge mit meiner Familie. Der erste Funken Licht.

Die Sonne hatte Kraft im April wie an manchen Sommertagen nicht. Mit meinem gebrochenen Bein auf Krücken. Mit meiner Familie ging ich zur Wunschglocke. Leute blieben unterwegs stehen und meinten, das wäre zu steil für mich, ich solle umdrehen. Ich ging wie durch eine unbekannte Kraft gezogen weiter und kam mit Tränen in den Augen an.

Ja, verdammt… Es ist mein Kampf. Was sagt mir das? Ich habe noch Reserven. Versuche es…

Der nächste Berg wartet schon. Das ist sogar ein Kraftberg. Den muss ich auch noch hoch. Der ist noch steiler, aber ich schaffe das!!!

Oben angekommen suchte ich mir einen einsamen Punkt mit herrlicher Aussicht. Ich atmete durch, von einem noch größeren Kampfgeist erfasst. Ruhig, mutig, und ich wusste plötzlich, meine Zeit ist noch nicht zum Gehen bestimmt. Irgendetwas Großes wartet noch. Der Weg wird nicht einfach, aber begehbar. Nur weiter musste ich gehen. Neue Blickwinkel zeigten sich plötzlich, zwar noch verschwommen, aber der Regenbogen wurde sichtbar und die wundervolle Blumenwiese, der blaue Himmel, die Schmetterlinge. Langsam hörte ich auch die Stimmen meiner Familie wieder und feuerte sie an zum nächsten Berg mit Wasserfall. Ich hatte das Gefühl, meine Krücken gaben mir nur noch mehr Energie. Ja, das Leben ist schön. Endlich konnte ich es sehen, das Leben.

Es war schon die ganze Zeit da, warum nur dieser Schleier?

Man ist sein ganzes Leben in Vorgaben gepresst, um zu funktionieren, aber für wen? Langsam wurde klarer, worauf es ankam. Ich werde auf keinen Fall mehr meine Meinung runterschlucken. Das ist schon mal ein Anfang. Ich werde die zwölf starken Geschütze annehmen, mit physischen und optischen Veränderungen, aber niemals für die „Anderen", nur für mich. Ich will zeigen, wie stark ich bin. Wem will ich es zeigen? Es ist mein Kampf gegen Gustav und Günther Mistkrepel. Nur ich weiß, ob ich es aushalte und durchziehe.

NIEMAND kann es einschätzen und hat mir vorzuschreiben, dass ich es durchziehen soll. Es ist und bleibt mein Kampf. Mein Chemiemajor gibt mir die Geschütze und bestimmt mit mir zusammen das Tempo. Ich vertraue nur ihm, er hat schon viele Schlachtfelder gesehen.

Ich musste weiter arbeiten gehen. Das Geld würde knapp werden und ein erstes gesellschaftliches Hindernis wurde zum ersten Mal sichtbar.

Auch da wurde die Zeit eng. Dank meines Onkologen, welcher mich neben allen Kampfansagen auf eine Institution aufmerksam machte, nämlich die Krebshilfe, stehe ich heute noch hier oben. Arbeitsfähig war ich schon nach der ersten Ladung nicht mehr. Und es sollten erst einmal noch elf kommen.

Ich ging tapfer weiter in die Arbeit. Dank meines lieben Teams und meiner außergewöhnlichen

Chefetage konnte ich etwas reduzierter an die Sache herangehen. An dieser Stelle werde ich immer weinen, da ich das Gefühl habe, von tausenden Engeln umgeben zu sein, welche mich beschützen.

Durch die Krebshilfe lernte ich Alternativen kennen und lernte langsam Akzeptanz aufzubauen. Durch die Annahme der neuen Lebenssituation wird man ruhiger und gelassener. Man lernt Menschen in ähnlicher Situation kennen und fühlt sich nicht mehr ganz so allein. Ja, Deine Freunde und Familie sind noch da, aber meistens bin ich noch so verankert bei ihnen, was nicht schlimm ist. Sie können es nicht wissen, wie ich früher war.

Sobald die Nadel aus dem Körper ist, denken sie, ist alles wieder gut. Stell Dich nicht so an, warum kannst Du dahin nicht, wieso dorthin nicht?

Was die Nadel jedes Mal in meinem Inneren hinterlässt, wünscht man keiner Seele dieses Universums.

Ich brauchte dringend Pausen dazwischen, um im Lebensfluss zu bleiben. Meine Haare dünnten aus, die Belastbarkeit sank zum Nullpunkt. Die Schmerzen waren Folter. Ich musste wieder nach

Kärnten oder irgendwohin, aber meinem Papa ging es zusehends schlechter.

Was nun? Wenn ich die nächste Giftspritze überleben wollte, musste ich Energie tanken.

Irgendwie sprach mein Papa schon mit mir und ich weiß, er hatte sich das für mich gewünscht, weiterzukämpfen. Von dort, wo er hingeht, kann er mich besser unterstützen. Es war für mich eine der schwersten Entscheidungen in meinem Leben, aber ich spüre heute noch seinen Segen.

Ich fuhr in die Berge, wo ich einst mit ihm früher jeden Gipfel bestiegen habe, und fühlte mich ihm so nah. Er starb als ich durch eine paradiesische Landschaft ging, wie als Zeichen von ihm, ich solle weiterkämpfen, um noch viele Täler und Quellen zu durchqueren. Da ist ein Land der Lebenden und der Toten. Als Brücke dazwischen ist unsere Liebe. Diese spürte ich stärker denn je.

Danke mein lieber Papa. Mit Deinem Schutz werde ich weiterkämpfen. Das sagt sich sehr einfach, aber es fühlt sich zumindest so an.

Halbzeit – und mein Chemiemajor und ich starr-
ten auf den Bildschirm. Das erste Lächeln. JA!
Was für ein Gefühl. Was nun? Was für eine blöde
Frage. Weitermachen. Mutig.

Zum ersten Mal ein Funken Hoffnung, dass die
Chemiewaffen ihr Ziel treffen. Aber schon der
achte Schuss zwang mich wieder in die Knie. Ungefähr in dieser Zeit klingelte mein Telefon.
Oberste Chefetage, das auch noch. Alles drehte
sich. Ich dachte, nun bin ich meinen Job auch noch
los, welcher mich irgendwie am Leben hielt. Aber
so war es nicht. Es war aufrichtiges Interesse.

Danke, Professor Teupser. Meine Tränen kann ich nie wirklich zurückhalten, wenn ich an Sie denke.

Danke auch Dr. Brügel und allen Wissenden aus dieser Etage.

Ich hatte das erste Mal das Gefühl, dass ich noch Menschlichkeit empfing. Bis hierher kam ich mir wie eine Einzelkämpferin vor, die eben all die Jahre funktionierte. Aber meine stillen Beobachter schienen noch etwas anderes in mir zu sehen. Eine verängstigte, verschüchterte Susanne. Wenn es mir guttut, soll ich weiterarbeiten, aber nur, wenn es mir guttut. Es war zum Teil Unverständnis, warum ich nicht aufhörte zu arbeiten. Die Antwort ist ganz einfach, es lenkt mich von den harten Kämpfen ab, lässt mich am Leben teilnehmen. Ich stehe auf der anderen Seite, wenn es auch nur immer für ein paar Tage ist. Ich bin jemand, der Befunde erstellt und sie nicht empfängt.

Auch die Krebshilfe zeichnete mir mittlerweile auf, wie man sich von Gustav und Familie ablenkt. Ich quälte mich nach der Arbeit in Institutionen wie BRK, welche mehr Kapazitäten für die Praxis hatten, wie Selbsthilfegruppen, Wohlfühltage. Ich traf Menschen mit ähnlichem Leid. Es fand plötzlich ein Austausch statt. Ich lernte auch die biologische Krebsabwehr kennen, welche mir auch Hoffnung machte, dem unerträglichen Schmerz Herr zu werden.

Auch hier ein Dankeschön an die bedingungslosen, aufopferungsvollen Institutionen.

Jetzt musste ich nur noch meinen Chemiemajor für deren Unterstützung gewinnen. Man stelle sich einen Keller voller Schimmel vor. Was tun Sie? Sie nehmen ein Bleichmittel und befreien den Keller vom Schimmel. Aber geht das Bleichmittel auch der Ursache auf den Grund?

Mein ganzes Immunsystem war im Keller. Da konnte mein Chemiemajor so viel Bleichmittel wie möglich rein schütten. Es brauchte etwas, was die Ursache bekämpft. Mein Immunsystem so weit aufzubauen, dass das Bleichmittel immer noch wirken kann. Mein Chemiemajor holte zwar tief Luft, aber nicht, weil ich seine Waffen in Frage stellte, sondern weil ich für ihn zu einer Herausforderung wurde.

Experimentierfreudig, alles hinterfragend, kämpfend. Sie denkt mit. Ein Lächeln auf seinem Gesicht, als er "Stacheligelbart" las. Am Abend gab er mir für Stacheligelbart seinen Segen. In meinem Fall ein guter Kampfbegleiter – Heilpilze.

Ich stellte nochmals meine Ernährung um. Mit Stacheligelbart fühlte ich mich plötzlich etwas frischer. Was mir weiterhin gut tat, die ständigen Treffen mit den Gruppen. Wir unternahmen Ausflüge, arbeiteten mit Yin Shin Jyutsu und versuchten durch verschiedene Sachen, die Selbstheilungskräfte zu aktivieren.

Ich stellte mir eine ToDo-Liste auf, welche Orte und Ziele mir wichtig waren im Leben.

Theater, Kultur und neue Gesichter ließen mir bald den Tag zu kurz werden. Hoffnung auf Rente in weiter Ferne, aber auch Gustav und Familie traten langsam in den Hintergrund für mich. Das Leben ist so schön und ich hatte das Gefühl, alles auf einmal machen zu wollen. Ich fing an zu meditieren, um ruhiger zu werden. Irgendetwas stand aber immer noch im Weg. Ich konnte es aber noch nicht richtig zuordnen. Ich wollte wieder Geige spielen, wollte schreiben.

Ich suchte nach einem Dankeschön an alle, die mir halfen. Vergaß aber immer noch mich selbst. Der Fokus hieß noch die anderen.

In einer der Gruppen lernte ich Frank kennen. Wir trafen uns, gingen ab und zu aus. Er tat mir sehr gut, verstand mich, brachte mich zum Lachen. Aber ich hielt ihn auf Distanz, was mich sehr anspannte. Ja, Gustavs Familie war unentspanntes Verhalten sehr willkommen. Aus lauter Dankbarkeit an mein altes Leben wollte ich neues Leben oder eher, neue Energie nicht zulassen?

Ein weiteres CT sollte mir Antwort geben. Mein über alles geliebter Chemiemajor war zwar nicht in Panik, aber bei weitem nicht mehr so entspannt wie drei Monate zuvor. Sein Plan machte mich sehr wütend.

An dieser Stelle bitte ich um Verzeihung für Worte oder Verhalten, die sonst nicht meine Art sind. Er kann am allerwenigsten dafür und hat mir ja auch nicht die Kampfniederlage übermittelt, sondern mir einen akzeptablen Rat gegeben, welchen ich annehmen sollte. Die Antikörper auf der einen Seite konnten nicht wirklich viel ausrichten. Sie brauchten Unterstützung, sprich: „Chemiepumpe".

Meine Hassmittel dürfe ich sogar etwas aussetzen. Ja klar, genau das wollte ich hören von ihm. Das war doch mal eine Aussage. Hatte er je dieses ekelhafte Zeug probiert? Konnte er sich vorstellen, mit wie vielen Hilfsmitteln man eigentlich noch vor die Tür ging? Wusste er, wie viele Schmerzmittel statt Grapefruit ich als Nachtisch verspeiste? Ja, Grapefruit hatte man mir verboten, könnten die Schusslinie der Chemiewaffen verändern. War doch egal, ob ich Grapefruit mag. Außerdem war mir diese Frucht tausendmal lieber als ein 5FU – Geschmack.

Mit Pumpe geht arbeiten auch nicht. Das war also das nächste Glied was mich am Leben hielt. Ohne Arbeit kein Geld und so weiter und so weiter.

Gut, er hatte eine Alternative, klang aber auch nicht besser. Statt Pumpe Pillen. Wie schön, hatten wir auch schon. Bei dem Gedanken war ich auch schon satt und alle Eingeweide zogen sich schon mal zusammen.

Da die Rente immer noch auf sich warten ließ, blieb mir nichts anderes übrig. Es war, glaube ich, ernsthaft ein Entgegenkommen meines Chemiemajor, denn den Schlachtplan schickte er mir sicherheitshalber per Mail. Ich nehme an, er war mindestens genauso verzweifelt wie ich, aber das half uns beiden nicht weiter. Wutentbrannt verließ ich sein Revier, schrie auf der Straße fast jeden an. Zuhause verrückte ich Möbelstücke. Meine Mama brach in Tränen aus, sah sicher auch keinen Ausweg mehr.

Das Telefon…

Davor muss ich noch etwas erklären. Ich besuchte zahlreiche Vorträge, wo immer es ging. Aber einen Abend vorher war ich nicht. Eine liebe Freundin war bei einem Aura Chirurgie Vortrag und meinte, ich solle die Frau mal kontaktieren, das wäre etwas für mich. Am Morgen, kurz vor meinem Chemiemajor erreichte ich sie nicht. Als ich, wie gesagt, Möbel verrückte, klingelte das Telefon.

FRAU SYNDIKUS, CHRISTINA

Sie ist seit Oktober 2019 ein Teil meines Lebens geworden. Es gibt viele Arten, aus bestimmten Situationen herauszukommen, wenn man es will. Das Rezept dazu gibt es nicht. Nur die Zutaten, und die variieren individuell.

In meinem Fall veränderten all die Faktoren wie Ernährung, soziales Umfeld, das Vertrauen in meinen Körper.

Warum heißt mein Buch „Am Anfang war's der Bauch...am Ende auch"? Gustav saß im Bauch und wollte mir etwas sagen, und zwar: „So, wie Du lebst, kann es nicht weitergehen" –> Diagnose: Krebs

Es ist so hart, auf diese Weise zur Ruhe gezwungen zu werden bzw. zum Leben zurückzufinden. Am Ende auch – hier kommt Christina ins Spiel. Sie lehrte mich, mein vorhandenes Bauchgefühl besser zu verstehen und zu intensivieren. Es ist in jedem Menschen, glaube ich, wir verlernen es nur im Laufe unseres irdischen Daseins.

Frau H., das chirurgische Genie, die zwei Chemiemajors, der Schamane, mein Krebsberater –> alle haben mich in die Richtung geführt, meinem Bauchgefühl mehr Aufmerksamkeit zu schenken.

Selbstvertrauen ist der erste Weg des Erfolges. Christina ist eine Institution für mich, die zu mir passt, was sich sehr gut anfühlt.

Deine innere Stimme ist der Schlüssel zu Dir. Ich habe keine Ahnung, was sie eigentlich mit mir macht. Ich sehe nur die Wirkung, Stück für Stück. Man soll keine Wunder erwarten von heute auf morgen, man soll nur lernen, um was es geht.

ICH stehe im Ring und jede Runde wird härter, aber ich übernehme auch die Kampfrichtung. Es müssen viele Steine aus meinem Weg geräumt werden, um am Ziel anzukommen. Mein Ziel ist es, ein schönes Leben gehabt zu haben. Ich will noch oben ankommen.

Jeder hat doch bestimmt etwas Tolles schon mal erlebt, was so überwältigend war, dass man sich wünscht, die Zeit soll stehen bleiben, dass einem vor Stolz die Tränen fließen. Holt Euch diesen Moment zurück, es lohnt sich. Ich bin mittlerweile dankbar für Gustavs Bekanntschaft. Vieles sehe ich anders, positiver und intensiver. Der Moment, wo man wieder eine Unruhe verspürt, dass es noch nicht vorbei ist mit dem Kampf, ist auch sehr wichtig. Es sagt mir, dass man noch ausbaufähig ist. Ja, ich muss noch sehr oft zu meinem

Chemiemajor, deshalb habe ich meinem Bauchgefühl vertraut und den für MICH richtigen ausgesucht. Für mich gut, aber andere empfinden vielleicht den ersten Major gut. Das kannst nur DU selbst herausfinden. Ebenso weißt auch nur Du, ob Du Haferbrei mit Zucker oder Banane isst, oder ob Du ihn überhaupt isst. Die Menschen, die Dir guttun, kannst auch nur Du selbst für Dich herausfinden. Das Leben ist eine Reise wie in einem Zug. Es steigen Leute ein, aber auch wieder aus. Manche bleiben bis zum Ende.

Ich lernte verschiedene Techniken, die Nebenwirkungen der Chemiewaffen etwas besser auszuhalten. Es funktionierte und gab mir Hoffnung. Es geht in Richtung Heilung, so etwas spürt man. Das Gefühl, seinen Körper wieder zu finden, ist wunderbar. Diese seelischen Veränderungen sind oft für Dich selbst noch nicht so sichtbar, aber für andere. Und nicht immer wird das begrüßt. Das Wort „NEIN" kannte man bei mir noch nicht, schon gar nicht eine eigene Meinung.

Ich vermisste Frank, er tat mir so gut, aber ich musste erst mich selbst lieben lernen. Ein einfacher, aber sehr wichtiger Prozess bei der Heilung.

Ich war für alle anderen noch in einer unglücklichen Beziehung. Er ist kein schlechter Mensch, erreicht aber meine Gefühle nicht. Und an diesem schrecklichen Weihnachten wurde mir nur wieder allzu deutlich, wie sehr ich da raus muss, wenn ich überleben will. Ich beschloss eine Auszeit von Kärnten und plante das Jahr.

Meine liebe Dagmar, treue Freundin seit Jahrzehnten, tritt mich in den Hintern und motiviert mich nervig. Wir gingen zu Lewis Carpaldi als wäre es unser letztes Konzert. So energiegeladen habe ich mich lange nicht gefühlt. Mittlerweile tut sich auch auf Arbeit energetisch einiges. Mein lieber Chef durchkämmte meine Unterlagen und bot an, seinen besten Freund mit einzubeziehen, welcher allerdings in Nürnberg zu Hause ist.

Um die nächsten Chemos, sechs Stück, werde ich wohl wieder nicht herumkommen. Das machte mich sehr wütend, ist aber unumgänglich.

Ich bekomme endlich eine Einladung zum Gutachter, es tut sich was. Es geht noch alles hin und her, aber es bewegt sich was. Die Gutachterin, selbst Onkologin, fragte mich als erstes, was ich bei ihr wolle. Mein Ziel war genau das, sie sah mich nicht wirklich krank, sondern nur den Befund. Es ließ mich also hoffen, dass ich auf sechs

Stunden reduzieren dürfte. Sie sah es übrigens wie ich, Arbeit als Therapie. Das bestärkte mich wieder, brav die Chemos zu nehmen, aber plötzlich drohte eine unbekannte Krankheit die ganze Welt lahm zu legen.

Covid war plötzlich wichtiger als Krebs und Herzerkrankungen, einfach alles. Somit hatte ich 10 Wochen Chemozwangspause. Super!!!

In der Zwischenzeit lernte ich auch meinen Schutzengel von Nürnberg kennen, zwar nur telefonisch, aber ein Schutzengel, das wusste ich seit dem ersten Anruf. Er hat noch Trümpfe im Ärmel, welche „Gustav und Günther" abschießen können.

Mein Kururlaub mit Mama war gecancelt, Paris adieu und auch London schien sich zu verabschieden, aber mir ging es zusehends besser. Ich sehe Corona als Chance, mich um mich selbst zu kümmern, ein Ziel zu verfolgen.

Ich wollte bzw. weiß, dass ich es kann, zusehends aus eigener Kraft zu genesen. Ich praktizierte Yin Shin Jyutsu und spürte erste Erfolge, meditierte und schrieb!

Ich ging mit meiner Geschichte ziemlich an die Öffentlichkeit und bekam Zuspruch zum Schreiben. Durch das Schreiben verarbeitete ich langsam. Ich hatte plötzlich wieder Selbstbewusstsein. Ich wurde von wildfremden Menschen gehört und motiviert. Ich versteckte mich nicht mehr so sehr, ich akzeptierte meine Krankheit, aber nicht die Prognose. Zu den letzten Chemos ging ich stärker. Vorher ging ich joggen, stellte mir meine Schutzschilder imaginär vor und hörte Monika Gruber, um herzhaft zu lachen. Der 24. Juni war endlich da und der vorerst letzte ausgehandelte Termin mit meinem Chemiemajor. Ab da will ich zeigen, dass mein Immunsystem auch kann, es braucht nur länger. Ich liebte meinen Körper von Tag zu Tag mehr und konnte auf mein Bauchgefühl vertrauen.

Liebe ist etwas hochenergetisches, magisches.

Der Anruf kam Anfang Juli, ob ich nicht an einem Treffen bei der Krebsberatung des BRK teilnehmen möchte. Mittlerweile arbeite ich nur noch 25 Stunden statt 40 und könnte mich da eigentlich wieder den Menschen anschließen, welche ähnliches Leid erfuhren. Da war er wieder – Frank. Ich hatte ihn seit Monaten nicht gesehen und hatte auch Angst, ihn zu sehen, da ich in meiner Umbruchphase sehr verletzend war, aber ich vermisste ihn, sein Lachen, seine Güte. Mein Herz machte einen Sprung als er mir auch noch anbot, bei diesem Projekt zu helfen. Plötzlich erkannte ich die Magie zwischen uns und wusste den Grund, wieso ich noch da bin, für was ich noch gebraucht werde.

Das Projekt für die Menschen, um anderen Mut zu machen und für die Liebe. Sie hat die ganze Zeit auf mich gewartet, als Geschenk für die Rückkehr ins Leben.

Ich weiß nicht, ob das das Allheilmittel ist, ich weiß nur, dass die vielen Puzzle Steine, die in der schweren Zeit für mich bereit lagen, dazu geführt haben, besser mit der Krankheit umgehen zu können. Selbstliebe zu erfahren, Dinge zu tun, die sich gut anfühlen und Menschen zu achten, die es gut mit dir meinen und sie nicht zurückweisen.

Ich bin noch lange nicht an meinem Ziel und es wird auch holprige Tage geben, aber mittlerweile sehe ich in allem einen Sinn, mit den Dingen, die dir passieren. Krebs ist nicht die Endstation, es ist ein Weckruf für deinen Körper und deine Seele. Hört auf die eigene Sprache, es gibt kein Gut und kein Böse. Nur du kannst deinen Weg finden. Wie der auf andere wirkt, sollte dir egal sein. Ich bin auch sicher, dass jeder Mensch seine Schutzengel hat, auch, wenn dein Gegenüber anderer Meinung ist. Das Leben will mir etwas sagen, sonst wäre ich schon längst tot. Vielleicht will mir das Leben auch nur sagen, wie wichtig das Miteinander ist, Wege aufzeigen und mutig sein, vom Weg abzugehen und neue Wege zu finden.

Einer dieser neuen Wege führte mich zu meinem zweiten Schutzengel, neben meinem Chef, nach Nürnberg. Die Entfernung ist mir hierbei egal. Es tun sich plötzlich Möglichkeiten auf, die eine Heilung nicht als unwahrscheinlich gelten lassen. Von diesen Möglichkeiten hatte ich bisher nicht einmal ansatzweise gehört. Diese Wege sind natürlich nicht einfach, aber allein die Möglichkeit, sie versuchen zu gehen, ohne Chemie, erweckt neuen Kampfgeist. Ende des Jahres durfte ich den Schutzengel von Nürnberg persönlich kennen lernen. Allein dieses Kennenlernen versetzte Günthers Großfamilie in Hab Acht. Nach ca. 5 Monaten Chemopause waren sie nicht wesentlich größer und haben sich nicht vermehrt. Nochmals drei Monate später ging alles sehr schnell. Ich musste mich schnell entscheiden. Es gibt ein Genie in Nürnberg, welches es sich zutraut, die Großfamilie abzuschießen. Mein Bauch sagte sofort ja. Ja zum Leben, ja zu Schmerzen. Hauptsache weg. Das Genie, ein wundervoll vertrauenerweckender Mann, welcher wahrscheinlich schon mit Skalpell geboren wurde und für den jeder gelungene Tag am OP-Tisch ein persönliches Erfolgserlebnis ist. Schön, dass es so etwas gibt. Ohne meinen Chef wäre ich nie beim Schutzengel von Nürnberg, geschweige beim Tastgenie gelandet.

Ich danke allen Menschen, die mich bis hierher begleitet, aber verlassen haben und neu Hinzugekommene, die mit mir weiter gehen.

Ich danke Gustav und Günther Mistkrepel. Durch Euch habe ich etwas Wunderbares gefunden: das Leben, Mut, Ausdauer, Kraft und Liebe und Hoffnung.

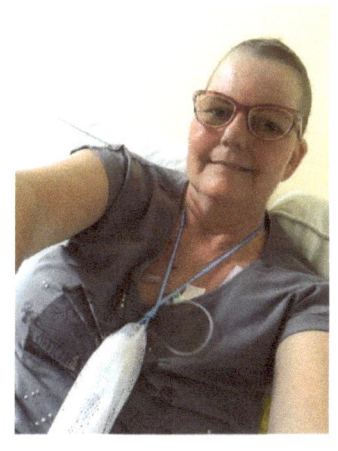
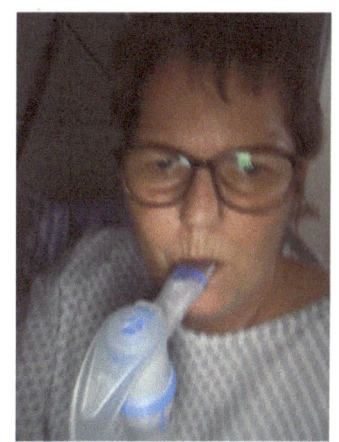

Am Anfang braucht man oft Mut, um am Ende glücklich zu sein.

Und dann flüstert das Glück manchmal ganz leise: „Du bist dran!"

Engel kommen vielleicht nicht wenn Du sie rufst, aber sie werden immer da sein, wenn Du sie brauchst.

Wir sind niemals verloren, als dass unser Schutz-engel uns nicht finden könnte.

Schmerzmonster

Es ist schwer zu begreifen, dass eine Krankheit
genügt, um ein ganzes Leben zu verändern.

Angstmonster

Mutig ist der, der seine Angst erkennt und trotzdem kämpft.

Gustav

↓

Günter

↓

Gustav-Günter

Richte Deinen Fokus auf die Lösung, nicht auf das Problem

Danksagung

Ich bin nicht geheilt, aber ich habe gelernt, mit der Erkrankung umzugehen und bin auf dem Weg der Besserung.

Ich danke allen Menschen und Institutionen, welche mir mit unglaublichem Wissen die Chance gaben, noch am Leben zu sein.

Ich danke den Menschen, die mich begleitet, ertragen, an die Hand genommen haben und dadurch neue Blickwinkel ermöglicht haben, Stärke zu finden und die Chance zu ergreifen in dieses neue Leben zu starten. Sie haben mich aber auch gelehrt Schwäche zuzulassen und auch einmal den Tränen freien Lauf zu lassen, um keine Blockaden entstehen zu lassen.

Besonderen Dank an die Krebshilfe mit all den dazugehörigen Institutionen, wie BRK und biologische Krebsabwehr, welche mit unglaublicher Aufopferung zeigen, auch schlimme Diagnosen können lebenswert sein.

Danke an meine wunderbare Chefetage, welche an mich glaubt und mich unterstützt, wo es nur geht.

Ich hoffe, ich kann irgendetwas zurückgeben und hoffe auch Menschen in ähnlichen Situationen zu erreichen und Mut zu machen.

Ich möchte Fragen beantworten, welche ich selbst einst hatte, Kurse geben, wenn es meine Gesundheit zulässt.

Ich möchte einfach DANKE sagen!!!

Auf Grund der schweren Diagnose Krebs mit ungünstiger Prognose entstand ein unbeschreiblicher Kampfgeist über die Schulmedizin hinaus. Eigene Recherchen mit Unterstützung verschiedener Institutionen und sozialem Umfeld zeigten Möglichkeiten auf, die Prognose zu verbessern und das Leben lebenswert zu gestalten. Dadurch entstand der Herzenswunsch, gesammelte Erfahrungen an Betroffene weiterzugeben und allen Danke zu sagen, die mich auf meinem Weg begleitet haben. Der Erlös dieses Buches geht an die gemeinnützigen Institutionen der Krebshilfe

Notizen

Notizen

Notizen

Zeitfracht Medien GmbH
Ferdinand-Jühlke-Straße 7
99095 Erfurt, Deutschland
produktsicherheit@kolibri360.de